BRUMBY

Altbaumietenverordnung

mit Erläuterungen

Zugleich Nachtrag zu

Kiefersauer - Glaser - Brumby, Grundstücksmiete

8. Auflage

1958

J. SCHWEITZER VERLAG · BERLIN

Satz und Druck: Berliner Buchdruckerei „Union" GmbH., Berlin SW 61

Verordnung über den Mietpreis für den bis zum 31. Dezember 1949 bezugsfertig gewordenen Wohnraum (Altbaumietenverordnung — AMVO)

Vom 23. Juli 1958 (BGBl. I S. 549—559)

ERSTER ABSCHNITT:

Allgemeine Vorschriften §§

ZWEITER ABSCHNITT:

Mieterhöhungen

A. Mieterhöhungen im einzelnen Fall aus besonderen Gründen

B. Allgemeine Mietzuschläge

C. Besondere Mietzuschläge

D. Umlegung von Betriebskosten

I

Vorbemerkungen

Die AMVO — im Gegensatz zur NMVO (s. unten) — ist die in § 39 BMG vorgesehene RechtsVO zur Kodifikation des Rechts für preisgebundenen Wohnraum. In jener — Berlin ausnehmenden Betimmung (Ziff. 18 des § 45 BMG und § 46 dieser VO) — ist die Vereinfachung und Zusammenfassung des Mietpreisrechts vorgesehen, sei es, daß es geändert, ergänzt oder aufgehoben wird. Dabei grenzt bereits § 39 zit. die gedachte RechtsVO gegenständlich auf den bis 31. 12. 1949 bezugsfertig gewordenen Wohnraum ab.

Die VO ist entsprechend der Ermächtigung in § 39 BMG a) von den beiden Bundesministern für Wirtschaft und Wohnungsbau und b) mit Zustimmung des Bundesrats am 23. 7. 1958 erlassen, am 29. 7. 1958 in Nr. 28 des BGBl. S. 549—559 veröffentlicht und gemäß ihrem § 48 am 1. 8. 1958 in Kraft getreten.

Ihr Gegenstück — die NeubaumietenVO (NMVO) v. 17. 10. 1957 (BGBl. 1736) — vgl. S. 408—419, nennt in § 1 als Anwendungsbereich den preisgebundenen nach dem 31. 12. 1949 bezugsfertig gewordenen Wohnraum. Anders als die AMVO gilt sie nach ihrem § 30 auch für Berlin.

In Fortfall kommen von den in unserer „Grundstücksmiete" ab S. 347 (X. Nebengesetze) gebrachten (1) Anordnungen bzw. Verordnungen und (2) Runderlassen und sind also dort zu streichen:

(1) a)	Ano	PR	72/49	S. 420—423
b)	VO	PR	71/51	S. 423—438
c)	VO	PR	72/52	S. 438—447
(2) a)	RErl.		184/37	S. 349—357
b)	RErl.		27/48	S. 357—359

Der Anwendungsbereich der AMVO ist entsprechend § 39 BMG das Mietpreisrecht für den bis 31. 12. 1949 erstellten Wohnraum.

Daß der später ohne öffentliche Mittel und ohne Steuervergünstigung erstellte Wohnraum Preisfreiheit genießt, steht in §§ 42, 46 I WohnBauG sowie in § 87 II WohnBauG.

Daß der vor der Währungsreform fertig gewordene Wohnraum preisgebunden ist, ergab sich bisher aus § 6 der VO 71/51 — aufgehoben lt. § 45 I 1 —, denn dort war gesagt, daß erst der nach dem 20. 6. 1948 und nur der frei erstellte Wohnraum Preisfreiheit hat. Dasselbe folgte auch aus § 11 BMG, wonach nur der nicht öffentlich geförderte Wohnraum bei

Erstellung ab 21. 6. 1948 den Preisvorschriften nicht unterliegt. Schließlich ergibt sich aus dem mit § 36 BMG neugefaßten GeschRMG, daß (seit 1. 12. 1951) derjenige Wohnraum unabhängig vom Zeitpunkt der Erstellung mietpreisfrei ist, der über die Hälfte Geschäftszwecken dient oder gegenüber dem zugleich mit ihm vermieteten Gechäftsraum keinen höheren Mietwert hat (s. S. 322). Diese Befreiung entfällt bei einer seit 1. 7. 1953 begangenen, dem Verbot von § 21 WRBewG zuwiderlaufenden Zweckentfremdung (vgl. Anm. 374).

Die gesonderte Regelung im WohnbauG betreffend Wohnbauten nach dem 31. 12. 1949 ist geblieben.

Die Regelung der bis 31. 12. 1949 erstellten Bauten ist in §§ 1, 3, 32 f. enthalten.

Dabei ist unterschieden zwischen 2 Baustufen 1) bis 20. 6. 1948, 2) vom 21. 6. 1948 bis 31. 12. 1949.

Nur der Wohnraum nach Stufe 1) ist schlechthin preisgebunden (§ 3 I) mit der Ausnahme in Abs. 3 (mehr als halb Geschäftszwecken bestimmter Wohnraum oder solcher, dessen Mietwert denjenigen des mit ihm kombinierten Geschäftsraumes nicht übertrifft).

Wohnraum nach Stufe 2) ist — soweit frei finanziert — nicht preisgebunden, andernfalls gilt die Kostenmiete der §§ 32 f. So ist § 3 II zu verstehen, der unter der Überschrift zu § 3 „Preisgebundener Wohnraum" in Ziff. 1—3 den in der Wohnbaupraxis weit überwiegenden öffentlich begünstigten Wohnbau regelt.

Die VO hatte nach § 39 BMG die Regelung des Mietpreisrechts des bis 31. 12. 1949 erstellten Wohnraums zu treffen. Mietpreisrechtliche Regelung bedeutet aber ebenso Unterstellung unter die Preiszwangswirtschaft wie Befreiung aus ihr.

Frei finanzierter Neubau steht also bei Erstellung nach dem 20. 6. 1948 außerhalb der Preiszwangswirtschaft. Der 31. 12. 1949 bzw. 1. 1. 1950 ist kein Stichtag für Preisbindung bzw. Preisfreiheit. Preisgebunden ist der bis 20. 6. 1948 erstellte Wohnraum (§ 3 I), dagegen nicht der nach ihm finanziell eigenständig erstellte (§ 3 II) und nicht, und zwar unabhängig von der Erstellungszeit, der über die Hälfte geschäftszweckbestimmte oder ohne Mietmehrwert mit Geschäftsraum kombinierte Wohnraum (§ 3 III).

Die Aussage der Preisgebundenheit gilt also nur für einen Teil der bis Ende 1949 erstellten Raumkategorie, für einen andern Teil gilt die Aussage der Preisfreiheit.

Der Gesetzgeber gewährt mithin allen DM-Neubaueigentümern, die ohne alle staatliche Hilfe gebaut haben oder bauen, Mietpreisfreiheit, sofern der Bau nach dem 20. 6. 1948 fertig geworden ist. Damit privilegiert er auch die, die noch einen RM-Überhang im Bau investiert haben, wenn sie nicht schon den Bau bis 20. 6. 1948 soweit gefördert hatten, daß (wie § 8 VO = § 25 = BMG = § 1 der jetzt aufgehobenen VO 72/52 es ausdrückt) den zukünftigen Bewohnern der Bezug zumutbar war.

Diese Neubau-Mietpreisregelung hat ihren Vorläufer in § 6 VO 71/51, aber auch in § 16 des alten (durch § 41 BMG aufgehobenen) RMG; nur daß jener Gesetzgeber klarer verfuhr, indem er die Privilegierung erstreckte auf „Neubauten oder durch Um- oder Einbauten neu geschaffene Räume, wenn sie nach dem 1. 7. 1918 bezugsfertig geworden sind oder künftig bezugsfertig werden“, während § 11 BMG den ab 21. 6. 1948 bis 31. 12. 1949 frei erstellten Wohnraum privilegiert, §§ 42, 46 I. WohnBauG, § 87 II. WohnBauG den nach dem 31. 12. 1949 öffentlich geförderten betrifft, und die neue VO es dem Leser überläßt, aus §§ 1, 3, 32 herauszulesen, daß die Wohnraumerstellung aus eigenen Mitteln nicht erst ab 1. 1. 1950, sondern schon ab 21. 6. 1948 Mietpreisfreiheit schafft.

Das Wort „preisgebunden“ ist deshalb in § 1 zu streichen. Die Aussage der Preisgebundenheit folgt in § 3. Dessen Abs. II — betreffend den preisgebundenen, weil nicht ohne öffentliche Hilfe erstellten Wohnraum — hat seine spezielle Preisregelung in § 32 mit Rückgriff auf § 10 I und III BMG gefunden. Die Erwähnung letzterer Vorschrift in § 3 II ist nicht am Platze, vielmehr war auf § 32 der VO zu verweisen, der seinerseits auf § 10 BMG zurückgreift. In sich widerspruchsvoll ist das Zitat des § 11 BMG (vor Ziff. 1 in § 3 II), der ja gerade die Preisfreiheit des ab 20. 6. 1948 frei finanzierten Wohnraumes deklariert, während § 3 Abs. I u. II eine Aufzählung der Fälle der Preisgebundenheit sind.

Neu ist die Bestimmung in § 10, nämlich die ohne preisbehördliche Genehmigung zulässige Angleichung der niedrigeren Stichtagsmiete (Vertragsmiete am Stichtag) an die preisrechtlich zulässig gewesene Stichtagsmiete. Die Systematik ist nicht deutlich genug. § 10 ist der erste Fall der unter A in §§ 10 bis 15 behandelten „Mieterhöhungen im einzelnen Fall aus besonderen Gründen“. § 10 setzt aber keine Erhöhungsbedürftigkeit aus der Vereinzeltheit des Falles voraus wie §§ 11 bis 14, vielmehr handelt es sich um eine unbestimmte Vielzahl von Fällen der Unterschreitung der Stop-Miete. Betont ist, daß es der Genehmigung der Preisbehörde nicht bedarf.

Darüber hinaus war klarzustellen, daß § 10 eine allgemeine Ausnahmegenehmigung ist und die hier gedachte Erhöhung nach § 18 BMG praktizierbar (vgl. §§ 22 II, 23 I BMG). Die gesamte Einteilung ist zu korrigieren. Es teilen sich in Wahrheit die Mieterhöhungen des II. Abschnittes (§§ 10 bis 34) in

A. Spezielle Mieterhöhungen (§§ 10 bis 14, 18, 19), die unterteilt sind in solche

1) aufgrund allgemeiner Genehmigung (§§ 10, 18, 19),

2) aufgrund preisbehördlicher Genehmigung (§§ 11 bis 14),

B. Allgemeine Mietzuschläge (§§ 16, 17).
§§ 18 und 19 müßten §§ 11 und 12 werden,
§§ 11 und 12 würden §§ 13 und 14, und
§§ 13 bis 17 würden §§ 15 bis 19.

II

Text mit Anmerkungen

ERSTER ABSCHNITT

Allgemeine Vorschriften

§ 1

Anwendungsbereich

Die Verordnung gilt für preisgebundenen Wohnraum, der bis zum 31. Dezember 1949 bezugsfertig geworden ist.

Korrespondiert mit § 1 NMVO (S. 409), der bestimmt:

„Diese VO ist auf preisgebundene Wohnungen anzuwenden, die nach dem 31. 12. 1949 bezugsfertig geworden sind oder werden."

Da § 3 sagt, welcher Teil des nach dem 20. 6. 1948 erstellten Wohnraums noch den Preisvorschriften unterliegt, hätte § 1 besser gelautet:

Die VO ist auf preisgebundenen Wohnraum im Sinne von § 3 anzuwenden, soweit er vor dem 1. 1. 1950 bezugsfertig geworden ist.

§ 2

Preisrechtlich zulässige Miete

(1) Für preisgebundenen Wohnraum ist die Miete preisrechtlich zulässig, die sich aus der Stichtagsmiete (§ 5) und den in dieser Verordnung genannten Mieterhöhungen und -herabsetzungen sowie unter Berücksichtigung der Vorschriften des Ersten Bundesmietengesetzes ergibt.

(2) Die Überschreitung der preisrechtlich zulässigen Miete ist unzulässig, soweit nicht nach § 3 des Ersten Bundesmietengesetzes eine höhere Miete als genehmigt gilt. Eine Überschreitung liegt auch dann vor, wenn die Leistung des Vermieters ohne angemessene Senkung der Miete vermindert wird.

Abs. 1. Preisrechtlich zulässig ist also die Stichtagsmiete (§ 5) in etwa revidierter Höhe (§§ 10—15) zuzüglich der allgemeinen (§§ 16, 17) und besonderen (§§ 18, 19) Zuschläge.

Der Zusatz „unter Berücksichtigung der Vorschriften des BMG" ist gänzlich überflüssig. Die AMVO ist von a—z gemäß § 39 BMG dazu bestimmt, „das Mietpreisrecht unter Berücksichtigung des BMG zusammenzufassen“, und das tut die AMVO in Bezug auf die allgemeinen Mieterhöhungen, indem sie in § 17 auf die entsprechenden §§ 5—7, 12 bis 14, 28 des BMG Bezug nimmt. Es ist aber keine von § 39 BMG ausdrücklich geforderte Vereinfachung, wenn als ein Merkmal des Begriffs „preisrechtlich zulässige Miete“ genannt wird „Rücksicht nehmend auf die Vorschriften des BMG“ oder „zulässig ist, was in den zu spezifizierenden Gesetzen als zulässig erkannt ist“.

Abs. 2 (Satz 2): Eine mittelbare Preisüberschreitung ist die Beibehaltung der bisherigen Vertragsmiete trotz Verminderung der Vertragsleistung des Vermieters. Damit ist das Gleichgewicht bzw. der Tauschwert der beiderseitigen Leistungen gestört; der Vermieter soll deshalb den Mietzins angemessen „senken“.

Da § 537 BGB die automatische Befreiung des Mieters von dem der Minderleistung des Vermieters entsprechenden Teil des Mietzinses ausspricht, gilt die Senkung als von Gesetzes wegen vollzogen.

Die VO hätte also formulieren sollen „... wenn die Leistung des Vermieters vermindert wird, ohne daß dieser der dadurch eingetretenen Befreiung von einem entsprechenden Teil des Mietzinses (§ 537 BGB) angemessen Rechnung trägt“.

§ 3

Preisgebundener Wohnraum

(1) Die Vermietung von Wohnraum, der bis zum 20. Juni 1948 bezugsfertig geworden ist, unterliegt den Preisvorschriften.

(2) Die Vermietung von Wohnraum, der in der Zeit vom 21. Juni 1948 bis zum 31. Dezember 1949 bezugsfertig geworden ist, unterliegt den Preisvorschriften (§ 10 Abs. 1 und 3 und § 11 des Ersten Bundesmietengesetzes),

1. **wenn der Wohnraum mit öffentlichen Mitteln im Sinne des § 3 des Ersten Wohnungsbaugesetzes in der Fassung vom 25. August 1953 (Bundesgesetzbl. I S. 1047) geschaffen worden ist;**
2. **wenn für ihn auf Grund eines gemäß § 8 des Ersten Wohnungsbaugesetzes vom 24. April 1950 (Bundesgesetzbl. S. 83) ergangenen Landesgesetzes oder entsprechender Vorschriften der Länder oder Gemeinden eine Ermäßigung oder ein Erlaß der Grundsteuer in Anspruch genommen wird;**
3. **wenn es sich um eine Arbeiterwohnstätte handelt, für die eine Grundsteuerbeihilfe gewährt wird.**

(3) Die Preisvorschriften finden auf die Vermietung des in den Absätzen 1 und 2 bezeichneten Wohnraums keine Anwendung,

1. **wenn mehr als die Hälfte der Wohnfläche einer Wohnung oder eines selbständig vermieteten Teiles einer Wohnung anderen als**

Wohnzwecken dient (§ 2 Abs. 2 und § 4 des Geschäftsraummietengesetzes);

2. wenn der Mietwert von Wohnräumen, die wegen ihres räumlichen oder wirtschaftlichen Zusammenhanges mit Geschäftsräumen oder gewerblich genutzten unbebauten Grundstücken zugleich mit diesen vermietet sind, gleich oder geringer ist als der Mietwert der Geschäftsräume oder gewerblich genutzten unbebauten Grundstücke. Bei Mietverhältnissen, die vor dem 1. Dezember 1951 begründet worden sind, bleibt eine nach diesem Zeitpunkt eingetretene oder eintretende Änderung des Mietwertes außer Betracht. Wohnräume, die hiernach von den Preisvorschriften ausgenommen sind, bleiben auch dann ausgenommen, wenn die genannten Voraussetzungen nachträglich wegfallen (§ 3 Abs. 1 und 2 und § 4 des Geschäftsraummietengesetzes).

Das Zitat von § 11 BMG (in Abs. 2 vor Ziff. 1) trifft nicht zu, da es den Fall der Preisfreiheit betrifft, wenn also

a) keine öffentliche Unterstützung gewährt ist,

und b) Bezugsfertigkeit nach dem 20. 6. 1948 vorliegt.

Abs. 3 tritt an die Stelle der Regelung im GeschRMG § 2 Abs. 2 u. 3 (S. 322).

§ 4

Miete

Miete im Sinne dieser Verordnung ist das Entgelt für die Gebrauchsüberlassung von Wohnraum auf Grund von Mietverträgen oder ähnlichen Nutzungsverhältnissen einschließlich von Umlagen und Zuschlägen sowie von Vergütungen nach § 33 Abs. 1 Nr. 1 und § 39. Zu den ähnlichen Nutzungsverhältnissen gehören auch genossenschaftliche Nutzungsverträge.

§ 4 ersetzt die Definition des nicht mehr gültigen § 18 der VO 71/51. Vgl. Anm. 278 (S. 313) und Brumby in NJW 1958 S. 1078.

§ 5

Stichtagsmiete

(1) Stichtagsmiete im Sinne dieser Verordnung ist die Miete, die sich aus der letzten vor dem 1. Januar 1955 zustande gekommenen Vereinbarung ergibt, auch wenn sie erst mit dem Inkrafttreten des Ersten Bundesmietengesetzes preisrechtlich zulässig geworden ist.

(2) Neben der Miete erbrachte einmalige Leistungen des Mieters bleiben außer Betracht.

§ 5 ersetzt § 1 BMG.

§ 6

Grundmiete

(1) Grundmiete im Sinne dieser Verordnung ist die Stichtagsmiete abzüglich folgender in ihr enthaltener Beträge:

1. Umlagen für Wasserverbrauch,

2. Kosten des Betriebes der zentralen Heizungs- und Warmwasserversorgungsanlagen,

3. Umlagen für laufende Mehrbelastungen seit dem 1. April 1945,

4. Untermietzuschläge,

5. Zuschläge wegen Nutzung von Wohnraum zu anderen als Wohnzwecken.

(2) Ist die Stichtagsmiete in preisrechtlich zulässiger Weise erhöht oder herabgesetzt worden, oder wird sie künftig in preisrechtlich zulässiger Weise erhöht oder herabgesetzt, so tritt an ihre Stelle für die Berechnung der Grundmiete die erhöhte oder herabgesetzte Miete.

(3) Gilt die Kostenvergleichsmiete oder die Kostenmiete, so tritt an die Stelle der Grundmiete die Kostenvergleichsmiete oder die Kostenmiete nach Abzug etwaiger Beträge für Kosten des Betriebes von zentralen Heizungs- und Warmwasserversorgungsanlagen.

§ 6 ersetzt § 7 BMG. Vgl. auch Anm. zu § 2.

Abs. 2
betrifft die Fälle der Erhöhung laut § 10 und Herabsetzung in § 35.

§ 7

Ersatz der Stichtagsmiete

(1) War Wohnraum zwischen dem 17. Oktober 1936 und dem 1. Januar 1955 nicht vermietet, so gilt als Stichtagsmiete die Miete, die der Grundmiete für vergleichbaren Wohnraum in der Gemeinde nach dem Stande vom 31. Dezember 1954 entspricht (ortsübliche Grundmiete), zuzüglich der zulässigen Umlagen und Zuschläge nach dem Stande vom 31. Dezember 1954.

(2) Bei der Auswahl des vergleichbaren Wohnraums sollen insbesondere Art, Finanzierungsweise, Lage und Ausstattung berücksichtigt werden; Unterschieden ist durch Zu- und Abschläge angemessen Rechnung zu tragen. Bei der Finanzierungsweise soll in der Regel nur danach unterschieden werden, ob der Wohnraum mit öffentlichen Mitteln geschaffen worden ist oder nicht. Wohnraum, für den aus besonderen Gründen, namentlich mit Rücksicht auf die Person des Mieters, eine besonders geringe, insbesondere eine geringere als die zulässige Miete vereinbart worden ist, bleibt außer Betracht.

(3) Steht in der Gemeinde vergleichbarer Wohnraum nicht zur Verfügung, so kann auch Wohnraum in anderen vergleichbaren Gemeinden herangezogen werden.

§ 7 ersetzt § 3 der VO 71/51 (S. 429).

§ 8

Bezugsfertigkeit

(1) Wohnraum ist als in dem Zeitpunkt bezugsfertig geworden anzusehen, in dem der Bau so weit gefördert war, daß den zukünftigen Bewohnern zugemutet werden konnte, den Wohnraum zu beziehen; die Genehmigung der Bauaufsichtsbehörde zum Beziehen ist nicht entscheidend.

(2) Im Falle des Wiederaufbaues ist für die Bezugsfertigkeit der Zeitpunkt maßgebend, in dem der durch den Wiederaufbau geschaffene Wohnraum bezugsfertig geworden ist; Entsprechendes gilt im Falle der Wiederherstellung, des Ausbaues oder der Erweiterung von Wohnraum. Für Wohnraum, der nicht dem Zweiten Wohnungsbaugesetz vom 27. Juni 1956 (Bundesgesetzbl. I S. 523) unterliegt, sind die Begriffsbestimmungen, die in § 2 der Ersten Berechnungsverordnung vom 20. November 1950 (Bundesgesetzbl. S. 753) in der sich aus § 47 der Zweiten Berechnungsverordnung vom 17. Oktober 1957 (Bundesgesetzbl. I S. 1719) ergebenden Fassung enthalten sind, anzuwenden.

§ 8 Abs. 1 und 2 Satz 1 wiederholen § 25 BMG. Nur Satz 2 ist in Bezug auf das inzwischen in Kraft getretene II[te] WohnBauG geändert, das seine zeitliche Geltung in § 4 (S. 580) bestimmt.

Wegen der zit. neugefaßten I. BerechnungsVO wird auf S. 369 f. und S. 407 verwiesen.

§ 9

Wohnflächenberechnung

Für die Berechnung der Wohnfläche sind die Vorschriften der §§ 25 bis 27 der Ersten Berechnungsverordnung anzuwenden.

§ 9 nimmt Bezug auf Teil III der VO v. 20. 11. 1950/17. 10. 1957 (S. 380/81).

ZWEITER ABSCHNITT

Mieterhöhungen

A. Mieterhöhungen im einzelnen Fall aus besonderen Gründen

§ 10

Zu niedrige Stichtagsmiete

Ist die Stichtagsmiete niedriger als die am 31. Dezember 1954 preisrechtlich zulässige Miete, so ist die Erhöhung der Miete um den Unterschiedsbetrag ohne Genehmigung der Preisbehörde zulässig.

Die Überschrift „Zu niedrige Stichtagsmiete“ erscheint wenig glücklich, da sie den in §§ 35, 36 behandelten und entsprechend betitelten „Mietherabsetzungen“ zu entsprechen hatte.

Richtig ist, von „Erhöhung der Stichtagsmiete“ zu sprechen, zumal das in „zu niedrig“ steckende Werturteil nicht am Platz ist.

Die Voraussetzung der Erhöhung ist, daß die Stichtagsmiete gemäß § 5, also die letzte Vertragsmiete vor dem 1. 1. 1955, hinter der preisrechtlich zulässigen Stichtagsmiete zurückbleibt.

Das ist der Fall, wenn damals nicht alle Möglichkeiten der Heranführung an die preisrechtlich zulässige (Höchst-)Miete erschöpft waren, so der allgemeine Mietzuschlag von 10 % aus der PR 72/52 oder wenn die von der Preisstelle genehmigte Mieterhöhung noch nicht ausgenutzt war, wie dies für die Zeit vom 1. 1. 1955 bis zum 1. 8. 1958 § 15 behandelt.

Diese Mietberichtigung geschieht „ohne Genehmigung der Preisbehörde“; es handelt sich um eine bereits mit dem Gesetz erfolgende allgemeine Genehmigung, die im Wege des § 18 Abs. I BMG zu praktizieren ist, nämlich durch die schriftliche Erklärung, daß gem. § 10 der VO die Stichtagsmiete sich um den zu nennenden Betrag erhöht und damit sowohl die Grundmiete des § 6 wie entsprechend die Vertragsmiete.

§ 11

Von der Person des Mieters abhängige Stichtagsmiete

(1) Ist bei Wohnraum, der bis zum 20. Juni 1948 bezugsfertig geworden ist, mit Rücksicht auf die Person des Mieters die Stichtagsmiete niedriger als die ortsübliche Grundmiete zuzüglich der zulässigen Umlagen und Zuschläge nach dem Stande vom 31. Dezember 1954, so hat die Preisbehörde auf Antrag des Vermieters eine Mieterhöhung um den Unterschiedsbetrag zu genehmigen.

(2) Der Antrag kann nur innerhalb von sechs Monaten nach Wegfall der Gründe für die Vereinbarung einer geringeren Miete gestellt werden. Ist der Vermieter ohne eigenes Verschulden gehindert, den Antrag zu stellen, so läuft die Frist nicht vor Ablauf eines Monats seit Behebung des Hindernisses ab; jedoch kann nach Ablauf von zwei Jahren seit dem Ende der versäumten Frist der Antrag nicht mehr gestellt werden.

§ 11 ersetzt wie auch § 14 § 3 PreisstopVO, der von volkswirtschaftlich notwendiger Berichtigung spricht, in Verbindung mit Ziff. 40 RErl. 184/37 vgl. Anm. 308 u. S. 355, 348.

§ 12

Bauliche Verbesserungen, Einrichtungen, Ausbau der Verkehrsflächen Anlage der Kanalisation oder von Hausanschlüssen

(1) Die Preisbehörde hat auf Antrag eine jährliche Mieterhöhung zu genehmigen

1. **bei baulichen Verbesserungen um 12 vom Hundert der aufgewendeten Baukosten,**
2. **bei Einrichtungen um 15 vom Hundert der Einrichtungskosten und um 12 vom Hundert der hiermit verbundenen Baukosten,**
3. **bei Aufwendungen des Vermieters nach dem 31. Dezember 1954 für den Ausbau einer Verkehrsfläche oder die Anlage der Kanalisation um 6 vom Hundert dieser Aufwendungen,**
4. **bei Hausanschlüssen an Versorgungsleitungen um 6 vom Hundert der Aufwendungen.**

Kosten und Aufwendungen dürfen nur insoweit berücksichtigt werden, als sie vom Vermieter getragen werden und durch sie der Gebrauchswert des Wohnraums, für den die Mieterhöhung zu genehmigen ist, oder seine Wohnlage auf die Dauer verbessert wird. Werden zinsverbilligte Mittel aus öffentlichen Haushalten in Anspruch genommen, so hat die Preisbehörde bei Genehmigung der Mieterhöhung die Zinsersparnis angemessen zu berücksichtigen.

(2) Durch die Mieterhöhung sind alle Kosten einschließlich der Kosten der Verzinsung, Abschreibung und Instandhaltung abgegolten. Zusätzliche Betriebskosten dürfen in der tatsächlichen Höhe umgelegt werden; die Vorschriften dieser Verordnung über die Umlegung von Betriebskosten gelten sinngemäß.

(3) Mieterhöhungen nach Absatz 1 bis zu 5 vom Hundert der Grundmiete sind ohne Genehmigung der Preisbehörde zulässig.

(4) Kosten, die während der Nutzungsdauer zur Erhaltung des bestimmungsmäßigen Gebrauchs aufgewendet werden müssen, um die durch Abnutzung, Alterung und Witterungseinwirkung entstehenden baulichen oder sonstigen Mängel ordnungsgemäß zu beseitigen (Instandhaltungskosten), berechtigen nicht zu einer Mieterhöhung.

§ 12 ersetzt Ziff. 40 und 42 RErl. 184/37 (S. 355) — aufgehoben nach § 45 Ziff. 2. Der grundsätzlich erforderliche Anruf der Preisstelle erübrigt sich, wenn der Vermieter sich mit einer Erhöhung bis 5 % der Grundmiete (§ 6) begnügt. Insoweit enthält Abs. 3 eine allgemeine Genehmigung; deren Wirksamkeit erfordert für den einzelnen Fall, daß sich der Vermieter i. S. von § 18 I 2 BMG in seiner schriftlichen Erklärung, mit der er die Genehmigung zur Erhöhung durchführt, auf einen oder mehrere der 4 Erhöhungsgründe (Abs. 1 Ziff. 1—4) beruft und die Berechnung mitteilt.

Weder der Mieter noch die Preisstelle haben bei der Prüfung kleinlich zu verfahren, „damit“ — wie es in der dem Sinne nach gültig gebliebenen Ziff. 42 geagt war — „den Vermietern der Anreiz, bauliche Verbesserungen in den Wohnungen vorzunehmen, nicht genommen wird“.

Abs. 2 als „Vorschriften über die Umlegung von Betriebskosten“ sind diejenigen in §§ 20 bis 29 gemeint. Aufwendungen und Kosten erfordern zur Berücksichtigung

a) eine Aufbringung des Vermieters,
b) dauernde Steigerung des Gebrauchswertes.

§ 13

Zusammenhang mit neugeschaffenem Wohnraum

Eine Mieterhöhung für den vorhandenen Wohnraum im Zusammenhang mit der Neuschaffung von öffentlich gefördertem oder steuerbegünstigtem Wohnraum durch Wiederherstellung, Erweiterung oder Ausbau des Dachgeschosses nach den §§ 7, 8, 9 und 13 der Mietenverordnung vom 20. November 1950 (Bundesgesetzbl. S. 759) bleibt zulässig, soweit sie vor dem 1. November 1957 wirksam geworden ist oder nach § 29 Abs. 2 der Verordnung über den Mietpreis für den seit dem 1. Januar 1950 bezugsfertig gewordenen Wohnraum (Neubaumietenverordnung — NMVO) vom 17. Oktober 1957 (Bundegesetzbl. I S. 1736) weiterhin vorgenommen werden kann.

Der in Bezug genommene Teil der (alten) NeubaumietenVO ist durch § 29 I der (neuen) NMVO vom 17. 10. 1957 bei Bestand gelassen (vgl. S. 419 und 363).

§ 14

Ausgleich besonderer Härten

Die Preisbehörde kann auf Antrag eine angemessene Mieterhöhung genehmigen, wenn diese im einzelnen Fall aus Gründen, die weder in der Person des Vermieters noch des Mieters liegen, zur Vermeidung besonderer Härten dringend erforderlich erscheint.

Mehr noch als in den Fällen der §§ 11 und 12 handelt es sich hier um eine volkwirtschaftlich notwendige Berichtigung i. S. v. § 3 PreisstopVO (s. Anm. zu § 11).

§ 15

Nicht ausgenutzte Einzelgenehmigungen

Mieterhöhungen, die die Preisbehörde vom 1. Januar 1955 bis zum Inkrafttreten dieser Verordnung genehmigt hat, bleiben zulässig.

Hier ist durch allgemeine Genehmigung dem Vermieter verstattet, eine bisher nicht ausgenutzte Einzelgenehmigung im Wege der schriftlichen Erklärung nach § 18 I BMG für die Zukunft geltend zu machen. Eine Rückforderung verbietet sich, da nicht schon der Genehmigungsakt der Preisbehörde den Mietzins erhöht hat, die Erhöhung vielmehr nur durch Vertrag oder seit 1. 8. 1955 (Inkrafttreten des BMG) durch einseitige schriftliche Erklärung erfolgen konnte.

B. Allgemeine Mietzuschläge

§ 16

Allgemeine Mieterhöhung für Wohnraum des Althausbesitzes

Für Wohnraum, der vor dem 1. April 1924 bezugsfertig geworden ist, ist an Stelle des bisher nach der Verordnung PR Nr. 72/52 über einen allgemeinen Mietzuschlag bei Wohnraum des Althausbesitzes vom 27. September 1952 (Bundesgesetzbl. I S. 648) zulässigen Zuschlages ein Zuschlag von 10 vom Hundert der nach § 7 des Ersten Bundesmietengesetzes maßgeblichen Miete zulässig. Ist der nach der Verordnung PR Nr. 72/52 bisher erhobene Zuschlag höher, so bleibt dieser zulässig.

Die Aufhebung der VO 72/52 (lt. § 45 I 1 am Ende) mußte die Einarbeitung der mit dieser VO seit 1. 10. 1952 (S. 445) zulässig gewordenen und seit 1. 8. 1955 d. i. seit Inkrafttreten der BMG nach dessen § 18 I praktizierbaren 10%igen Erhöhung nach sich ziehen.

Der Zuschlag wird jetzt aber nicht mehr nach der am 30. 9. 1952 gültig gewordenen Miete (§ 2 der VO = S. 444) berechnet, sondern — ab Geltung der AMVO, also ab 1. 8. 1958 — nach der am 31. 12. 1954 gültig gewesenen Stop-Miete (§ 1 BMG).

Das führt zu einer Verbesserung des Mietertrages immer da, wo vor dem 1. 8. 1955 eine durch § 1 III BMG sanktionierte Mieterhöhung vereinbart war, die nach § 2 Abs. 1 bei Erhöhung um mehr als $33^{1}/_{3}$ % im Einzelfall durch die Preisstelle wieder herabzusetzen war.

§ 17

Allgemeine Mietzuschläge nach den §§ 5 und 6 des Ersten Bundesmietengesetzes

Für Wohnraum, der bis zum 20. Juni 1948 bezugsfertig geworden ist, sind Zuschläge von 10, 15 und 20 vom Hundert nach Maßgabe der §§ 5 bis 7, 12 bis 14 und 28 des Ersten Bundesmietengesetzes zulässig.

Vgl. Anm. 240—242; 249—252; 278.

C. Besondere Mietzuschläge

§ 18

Zuschlag für die Benutzung von Wohnraum zu anderen als Wohnzwecken

Der Zuschlag, der nach § 2 Abs. 3 des Geschäftsraummietengesetzes für die Benutzung einer Wohnung oder eines selbständig vermieteten Teiles einer Wohnung zu anderen als Wohnzwecken zulässig ist, darf je nach dem Grad der wirtschaftlichen Mehrbelastung des Vermieters bis zu 50 vom Hundert der anteiligen Grundmiete der zu anderen als Wohn-

zwecken benutzten Räume betragen. Ist bei Inkrafttreten dieser Verordnung die Miete in zulässiger Weise um einen höheren Zuschlag erhöht, so bleibt der höhere Zuschlag zulässig.

§§ 18 und 19 bilden mit § 10 Fälle der speziellen Mieterhöhung aufgrund allgemeiner Genehmigung, so daß beide im Anschluß an § 10 ihren Platz gehabt hätten.

Der Gewerbezuschlag bis zu 50 % der „anteiligen“, also der nach dem Verhältnis des nicht wohnlich benutzten Raumes zum gesamten Wohnraum zu errechnenden Grundmiete (§ 6) löst die bisherige Reglung nach dem in § 2 Abs. 3 genannten Geschäftsraummietengesetz ab (vgl. S. 322).

Ob und inwieweit der Zuschlag unter 50 % der Grundmiete eigenverantwortlich zu bestimmen, bzw. wenn nicht durch Vertrag, so nach § 18 Abs. 1 BMG geltend zu machen ist, regelt sich nach dem „Grad der wirtschaftlichen Mehrbelastung des Vermieters“. Der Höchstzuschlag von 50 % setzt also eine 1½fache Belastung voraus.

§ 19

Untermietzuschläge

(1) Wird Wohnraum auf die Dauer von wenigstens einem Monat untervermietet oder in sonstiger Weise zur selbständigen Benutzung einem Dritten überlassen, so darf die Hauptmiete um einen Untermietzuschlag erhöht werden.

(2) Der Untermietzuschlag beträgt monatlich je Untermietverhältnis
drei Deutsche Mark, wenn der untervermietete Wohnungsteil von einer Person benutzt wird;
fünf Deutsche Mark, wenn der untervermietete Wohnungsteil von zwei und mehr Personen benutzt wird.

(3) Ein Untermietzuschlag ist nicht zulässig,

1. **wenn Räume, die Gegenstand eines Hauptmietverhältnisses sind, in ihrer Gesamtheit vermietet werden;**
2. **soweit für den untervermieteten Raum ein Zuschlag nach § 18 zulässig ist.**

(4) Ist bei Inkrafttreten dieser Verordnung die Miete in zulässiger Weise um einen höheren Untermietzuschlag erhöht, so bleibt für die Dauer des Untermietverhältnisses der höhere Untermietzuschlag zulässig.

Diese Regelung tritt an die Stelle derjenigen in §§ 8, 9 der VO 71/51 (vgl. S. 432). Der Mehrbelastungs-Zuschlag nach § 18 ist auf den nach § 19 anzurechnen und schließt ihn, wenn er höher ist, aus.

Nach § 40 gilt der gleiche Zuschlag bei der sog. Quasi-Untermiete, wenn also der Vermieter einen Teil seiner eigen genutzten Wohnung vermietet.

Abs. 4.

Diese Regelung unterscheidet sich von der bisherigen in § 10 der VO 71/51 dadurch, daß dort nur eine Anrechenbarkeit des bisherigen Zuschlags bestimmt war, jetzt aber das Bestehenbleiben eines bisher höheren Zuschlages.

D. Umlegung von Betriebskosten

§ 20

Kosten des Wasserverbrauchs

(1) Die Kosten des Wasserverbrauchs dürfen abzüglich von 2 vom Hundert der Grundmiete auf die Mieter umgelegt werden. Zu den Kosten des Wasserverbrauchs gehört auch die Zählermiete. Monatliche Vorauszahlungen in Höhe des durchschnittlichen Umlegungsbetrages vorbehaltlich jährlicher Abrechnung sind zulässig.

(2) Bei der Berechnung der Umlage sind zunächst die Kosten des Wasserverbrauchs abzuziehen, die nicht mit der üblichen Benutzung des preisgebundenen Wohnraums zusammenhängen.

(3) Soweit bei Inkrafttreten dieser Verordnung in zulässiger Weise die Kosten des Wasserverbrauchs ohne Abzug eines Pauschbetrages auf die Mieter umgelegt werden, bleibt dies auch weiterhin zulässig.

§ 21

Grundsteuermehrbelastung

Bei bebauten Grundstücken im Sinne des Bewertungsgesetzes vom 16. Oktober 1934 (Reichsgesetzbl. I S. 1035) dürfen Grundsteuermehrbelastungen, die auf einer Erhöhung des Grundsteuerhebesatzes oder auf dem vollständigen oder teilweisen Wegfall bisher gewährter Grundsteuerbefreiungen oder -beihilfen nach dem 31. Dezember 1954 beruhen und die der Vermieter nicht zu vertreten hat, vom Eintritt der Mehrbelastung ab umgelegt werden.

Die Mehrbelastung wegen erhöhter Grundsteuer entspricht § 4 der VO 71/51/51 und der VO 72/49 (S. 429 bzw. 420).

§ 22

Gebührenmehrbelastung

(1) Werden nach dem 31. Dezember 1954 bei bebauten Grundstücken im Sinne des Bewertungsgesetzes andere den Hausbesitz belastende öffentliche Abgaben, insbesondere öffentlich-rechtliche Benutzungsgebühren, neu eingeführt oder erhöht oder wird der Hausbesitz durch öffentliche Abgaben in sonstiger Weise zusätzlich belastet, so dürfen die

laufenden Mehraufwendungen vom Eintritt der Mehrbelastung an umgelegt werden. Das gleiche gilt für Schornsteinfeger- und Deichgebühren sowie für private Nutzungsentgelte für Fäkalien- und Abwässerbeseitigung, Müllabfuhr und Straßenreinigung. Werden öffentlich-rechtliche Benutzungsgebühren nach dem Wasserverbrauch bemessen, findet insoweit § 20 Abs. 1 letzter Satz sinngemäß Anwendung.

(2) Absatz 1 gilt entsprechend für Mehrbelastungen, die auf § 3 des Einführungsgesetzes zu den Realsteuergesetzen vom 1. Dezember 1936 (Reichsgesetzbl. I S. 961) beruhen.

(3) Die Hypothekengewinnabgabe gilt nicht als öffentliche Abgabe im Sinne des Absatzes 1.

Auch insoweit gilt das zu § 21 Gesagte.

§ 23

Umlegungsmaßstab für Wasserverbrauch, Grundsteuer- und Gebührenmehrbelastung

(1) Die Umlegung nach den §§ 20 bis 22 erfolgt nach dem Verhältnis der Grundmieten.

(2) Hat der Vermieter mit allen Mietern ein Einvernehmen über einen anderen Umlegungsmaßstab erzielt, so ist die Umlegung nach diesem Maßstab zulässig. Kommt ein Einvernehmen nicht zustande, so kann die Preisbehörde auf Antrag des Vermieters einen anderen Umlegungsmaßstab zulassen.

Bisher § 5 der VO 71/51.

Die Zulassung eines anderen Umlegungsmaßstabs gilt auch für § 29 Abs. 2.

Die bisher in der Ans.Pr 72/49 § 6 Abs. 3 und in der VO 71/51 § 5 Abs. 4 enthaltene Verpflichtung des Vermieters, dem Mieter anläßlich der Umlage neuer Abgaben oder der Wasserkosten „Einsicht in die Berechnungsunterlagen" zu gewähren, hat mit der Aufhebung beider Bestimmungen laut § 45 ihre spezialrechtliche Begründung eingebüßt; indes verbleibt die Pflicht, eine Berechnung mitzuteilen nach § 18 Abs. 1 Satz 2 BMG. Diese Bestimmung greift ein, weil die Erhöhung der Miete nach dem Verhältnis der Grundmieten auf Grund der allgemeinen Genehmigung in §§ 21, 22 AMVO erfolgt („... dürfen umgelegt werden") und der Vermieter seine hierauf fußende schriftliche Erklärung, daß die Miete anteilig erhöht werden soll, durch eine klare Berechnung zu begründen hat.

§ 24

Pauschalierung des Wasserverbrauchs, der Grundsteuer- oder Gebührenmehrbelastung

Die Preisbehörde kann für eine Gemeinde allgemein oder nach Grundstücksgruppen oder nach Gemeindeteilen Umlegungssätze in Vomhundert

der Grundmiete bestimmen, die an Stelle der nach den §§ 20 bis 23 umzulegenden Beträge treten. Die Umlegungssätze müssen der durchschnittlichen Mehrbelastung Rechnung tragen. Die Anordnung bedarf der Genehmigung der für die Preisbildung zuständigen obersten Landesbehörde.

§ 25

Kosten des Betriebes einer zentralen Heizungsanlage

(1) Ist Wohnraum mit einer zentralen Heizungsanlage ausgestattet, so dürfen die Kosten ihres Betriebes (Brennstoffkosten einschließlich der Kosten für Heizstrom, Anfuhrkosten für Brennstoffe und angemessene Kosten für die Bedienung der Heizungsanlage) umgelegt werden. Ein angemessener Betrag für die Bedienung der Heizungsanlage kann auch dann umgelegt werden, wenn der Vermieter die Anlage selbst bedient. Ist Wohnraum an eine Fernheizung angeschlossen, so dürfen die vom Vermieter für die Fernheizung zu entrichtenden Beträge umgelegt werden.

(2) Sind in der Miete die Kosten des Betriebes der zentralen Heizungsanlage pauschal enthalten, so kann der Vermieter die sich aus Absatz 1 ergebenden Kosten nach Kürzung um 10 vom Hundert der Stichtagsmiete umlegen. Ist zur Abgeltung der Kosten des Betriebes der zentralen Heizungsanlage die Zahlung eines bestimmten Betrages vereinbart, so ist die Umlegung nach Absatz 1 nur zulässig, wenn der vereinbarte Betrag entfällt.

(3) Werden bei Inkrafttreten dieser Verordnung die Kosten des Betriebes der zentralen Heizungsanlage in den in Absatz 2 Satz 1 genannten Fällen nach Abzug eines geringeren Betrages als 10 vom Hundert der Stichtagsmiete in zulässiger Weise umgelegt, so bleibt dies weiterhin zulässig.

Diese Regelung tritt an die Stelle des RErl. 27/48 (S. 357 f.). Hier wie in den nächstfolgenden §§ bedeutet der Ausdruck „dürfen ... umgelegt werden“, eine allgemeine Genehmigung, es so zu handhaben, und eine entsprechende Erklärung gegenüber den Mietern nach § 18 Abs. 1 abzugeben.

Auch die Selbstbedienung der Anlage durch den Vermieter kann mit einem angemessenen Betrage angerechnet werden.

Abs. 2: Der Kürzungssatz für eine in der Miete steckende Betriebskostenpauschale betrug nach dem RErl. 27/48 Ziff. 1 S. 1 140 %, jetzt nur 12 × 10 % = 120 %.

§ 26

Umlegungsmaßstab für Kosten des Betriebes einer zentralen Heizungsanlage

(1) Die Heizungskosten dürfen nach Quadratmetern der Wohnfläche der beheizten Räume, nach der Fläche der Heizkörper oder nach einem

anderen, dem Wärmeverbrauch Rechnung tragenden Maßstab umgelegt werden. Werden Wärmemesser verwandt, so muß mindestens die Hälfte der Heizungskosten nach einem festen Maßstab umgelegt werden.

(2) Ein zulässiger Umlegungsmaßstab darf von dem Vermieter nur im Einvernehmen mit allen Mietern durch einen anderen zulässigen Umlegungsmaßstab ersetzt werden. Kommt ein Einvernehmen nicht zustande, so kann die Preisbehörde auf Antrag des Vermieters einen anderen Umlegungsmaßstab nach Absatz 1 genehmigen.

Abs. 2: Ein Wechsel des Umlegungsmaßstabes setzt entweder das Einvernehmen aller Mieter voraus oder mangels der Erreichbarkeit eines solchen preisbehördliche Genehmigung.

§ 27

Vorauszahlungen auf den Umlegungsbetrag für die Kosten des Betriebes einer zentralen Heizungsanlage

Auf den voraussichtlichen Umlegungsbetrag für die Kosten des Betriebes einer zentralen Heizungsanlage während einer Heizperiode sind monatliche Vorauszahlungen vorbehaltlich der Abrechnung unverzüglich nach Schluß der Heizperiode zulässig. Bei Einverständnis des Mieters sind höhere Vorauszahlungen nach Vorlage der Rechnung zulässig.

Bei Wiederinbetriebnahme der Anlage werden die Mieter billigerweise ihr Einverständnis nicht versagen können.

§ 28

Kosten des Betriebes einer zentralen Warmwasserversorgungsanlage

(1) Ist Wohnraum mit einer zentralen Warmwasserversorgungsanlage ausgestattet, so dürfen die Kosten ihres Betriebes einschließlich der Kosten des Wasserverbrauchs entsprechend den Vorschriften der §§ 25 und 27 umgelegt werden. Bei durchgehender jährlicher Warmwasserversorgung ist § 27 mit der Maßgabe entsprechend anzuwenden, daß jährlich abzurechnen ist. An die Stelle des in § 25 Abs. 2 Satz 1 genannten Satzes von 10 vom Hundert der Stichtagsmiete tritt bei durchgehender jährlicher Warmwasserversorgung ein Satz von 4 vom Hundert, in anderen Fällen ein angemessen niedrigerer Satz.

(2) Für den Umlegungsmaßstab gilt § 23 entsprechend.

Auch hier (vgl. § 25 Abs. 2) ist der Kürzungssatz für die in die Miete eingerechneten Warmwasserkosten von bisher 5 % (Ziff. 1 Abs. I des RErl. 27/48) herabgesetzt, und zwar auf 4 %.

§ 29

Umlegung von Betriebskosten für Fahrstuhlanlagen

(1) Soweit die Umlegung von Betriebskosten für Fahrstuhlanlagen zulässig ist, erfolgt sie nach dem Verhältnis der Grundmieten.

(2) § 23 Abs. 2 findet entsprechende Anwendung mit der Maßgabe, daß der Wohnraum im Erdgeschoß von der Umlegung ausgenommen werden kann.

E. Kostenvergleichsmiete

§ 30

Kostenvergleichsmiete

(1) Für Wohnraum, der bis zum 20. Juni 1948 bezugsfertig geworden ist, ist nach Maßgabe der §§ 8, 9, 12 und 13 des Ersten Bundesmietengesetzes und der Verordnung vom 21. Dezember 1956 über die Errechnung der Kostenvergleichsmiete für preisgebundenen Wohnraum nach dem Ersten Bundesmietengesetz (Bundesgesetzbl. I S. 994) eine Erhöhung der Miete bis zur Kostenvergleichsmiete zulässig.

(2) Für die Umlegung der Kosten zentraler Heizungs- und Warmwasserversorgungsanlagen gelten § 25 Abs. 1, §§ 26, 27 und 28 Abs. 1 Satz 1, 2 und Abs. 2.

Zu §§ 8, 9 wird auf Anm. 243 bis 245, zu §§ 12 und 13 auf Anm. 249 bis 251 verwiesen, wegen der VO vom 21. 12. 1956 auf S. 275 bis 282.

§ 31

Erhöhungen bei Kostenvergleichsmiete

Gilt die Kostenvergleichsmiete, so sind folgende Mieterhöhungen zulässig:

1. **eine Mieterhöhung entsprechend § 11;**
2. **Mieterhöhungen nach den §§ 12 und 13, soweit die in diesen Vorschriften genannten Umstände nicht bereits vor der Erhöhung der Miete bis zur Kostenvergleichsmiete zu einer Mieterhöhung geführt haben;**
3. **eine Erhöhung der Kostenvergleichsmiete, welche die Preisbehörde vor Inkrafttreten dieser Verordnung genehmigt hat oder nach § 14 genehmigt;**
4. **Zuschläge nach den §§ 18 und 19, wenn und soweit diese Zuschläge in der Kostenvergleichsmiete nicht enthalten sind;**
5. **Umlagen nach den §§ 20 bis 23 in Höhe der tatsächlichen Aufwendungen abzüglich der bereits bei Errechnung der Kostenvergleichsmiete angesetzten Beträge.**

§ 19 der Verordnung über die Errechnung der Kostenvergleichsmiete für preisgebundenen Wohnraum nach dem Ersten Bundesmietengesetz vom 21. Dezember 1956 ist nicht anzuwenden.

F. Kostenmiete für den in der Zeit vom 21. Juni 1948 bis zum 31. Dezember 1949 bezugsfertig gewordenen Wohnraum

Die im 2. Abschnitt des § 10 f. vorgesehenen Mieterhöhungen, und zwar zu §§ 11 bis 14 und 18 bis 23 gelten auch für die Kostenvergleichsmiete, soweit noch keine anderweitige Abgeltung stattgefunden hat.

§ 32

Kostenmiete

(1) Für Wohnraum, der in der Zeit vom 21. Juni 1948 bis zum 31. Dezember 1949 bezugsfertig geworden ist, ist nach § 10 Abs. 1 und 3 vorbehaltlich der §§ 12, 13 des Ersten Bundesmietengesetzes eine Erhöhung der Miete bis zu dem Betrage zulässig, der zur Deckung der laufenden Aufwendungen erforderlich ist (Kostenmiete).

(2) Die Kostenmiete ist auf Grund einer Wirtschaftlichkeitsberechnung entsprechend der Ersten Berechnungsverordnung für den Zeitpunkt der Bezugsfertigkeit zu ermitteln. Der sich danach ergebende Betrag der laufenden Aufwendungen ist auf die einzelnen Wohnungen unter angemessener Berücksichtigung ihrer Wohnfläche, Lage und Ausstattung zu verteilen.

(3) Für die Wirtschaftlichkeitsberechnung geltend folgende Besonderheiten:

1. **Für nicht dinglich gesicherte Fremdmittel dürfen Zinsen mit höchstens dem marktüblichen Zinssatz für erststellige Hypotheken als Kapitalkosten angesetzt werden.**
2. **Für Eigenleistungen gilt Nummer 1 entsprechend. Bei dem mit öffentlichen Mitteln geförderten Wohnraum ist der Wert der Eigenleistung, soweit er 15 vom Hundert der Gesamtkosten des Bauvorhabens nicht übersteigt, mit 4 vom Hundert zu verzinsen; der darüber hinausgehende Betrag ist in Höhe des marktüblichen Zinssatzes für erststellige Hypotheken zu verzinsen.**
3. **Wiederkehrende Leistungen dürfen als Kapitalkosten höchstens in Höhe des marktüblichen Zinssatzes für erststellige Hypotheken von dem unter den Gesamtherstellungskosten angesetzten und im Finanzierungsplan als Fremdmittel ausgewiesenen Kapitalisierungsbetrag angesetzt werden.**
4. **Für Baukostenzuschüsse, die von Mietern oder zu ihren Gunsten erbracht werden, dürfen Zinsen mit höchstens dem marktüblichen Zinssatz für erststellige Hypotheken angesetzt werden; ein Ansatz ist jedoch nur insoweit zulässig, als für den Mieter, von dem oder zu dessen Gunsten der Baukostenzuschuß erbracht wird, die Miete ermäßigt wird; für Zuschüsse, die unter Inanspruchnahme der Steuervergünstigung nach § 7 c des Einkommensteuergesetzes gewährt wurden, ist der Ansatz unzulässig.**

5. **Tilgungsbeträge, deren Ansatz nach § 17 Abs. 4 Satz 2 und 3 der Ersten Berechnungsverordnung zulässig ist, dürfen nur bis 3 vom Hundert des Darlehnsbetrages jährlich, darüber hinausgehende Tilgungsbeträge nur mit Genehmigung der Preisbehörde angesetzt werden.**

Die Regelung der Kostenmiete knüpft an § 3 Abs. 2 VO an und gilt für den preisgebundenen — nicht frei finanzierten — Wohnraum, der bis 31. 12. 1949 erstellt ist; während der später erstellte im I. und II. WohnBauG geregelt ist, und zwar wegen des Mietpreises ebenfalls in Höhe der Kostenmiete gem. § 45 des I. WohnBauG (S. 572) und gem. § 85 des II. WohnBauG (S. 620).

Abs. 2: Es gilt Teil II der Ersten Berechnungs-VO, §§ 3 bis 24 (S. 370 bis 380).

§ 33

Erhöhungen bei Kostenmiete

(1) Gilt die Kostenmiete, so sind folgende Mieterhöhungen zulässig:

1. **Vergütungen für Nebenleistungen, welche die Wohnraumbenutzung betreffen, aber nicht allgemein üblich sind oder nur einzelnen Mietern zugute kommen;**
2. **Mieterhöhungen nach den §§ 12 und 13, soweit die in diesen Vorschriften genannten Umstände nicht schon bei der Ermittlung der Kostenmiete berücksichtigt worden sind;**
3. **eine Erhöhung der Kostenmiete, welche die Preisbehörde vor Inkrafttreten dieser Verordnung genehmigt hat oder nach § 14 genehmigt;**
4. **Zuschläge nach den §§ 18, 19;**
5. **Umlagen nach den §§ 20 bis 28 in Höhe der tatsächlichen Aufwendungen sowie für die Kosten des Betriebes einer Fahrstuhlanlage abzüglich der bereits in der Wirtschaftlichkeitsberechnung angesetzten Beträge.**

(2) Werden Schönheitsreparaturen vereinbarungsgemäß vom Mieter übernommen, so ermäßigt sich die Kostenmiete um den Betrag von 0,40 Deutsche Mark je Quadratmeter Wohnfläche im Jahr, sofern bei der Ermittlung der Kostenmiete ein Abzug hierfür nicht erfolgt ist.

§ 34

Kostenmiete bei Wiederherstellung, Erweiterung und Dachgeschoßausbau

(1) Bei Wiederherstellung, Erweiterung und Dachgeschoßausbau ist die Wirtschaftlichkeitsberechnung nur für den neugeschaffenen Wohnraum aufzustellen.

(2) Wird bei Aufstockung oder Dachgeschoßausbau die bisherige Miete für den vorhandenen Wohnraum herabgesetzt, weil die Benutzung von Dachgeschoßraum fortgefallen ist, so kann der Minderungsbetrag der nach Absatz 1 berechneten Miete für den neugeschaffenen Wohnraum hinzugerechnet werden.

(3) Die Absätze 1 und 2 gelten nicht, wenn bereits vor Inkrafttreten dieser Verordnung die Miete bis zur Kostenmiete erhöht worden ist.

DRITTER ABSCHNITT

Mietherabsetzungen

§ 35

Herabsetzung der Stichtagsmiete

(1) Auf Antrag des Mieters kann die Stichtagsmiete von der Preisbehörde auf die ortsübliche Grundmiete zuzüglich der zulässigen Umlagen und Zuschläge nach dem Stande vom 31. Dezember 1954 herabgesetzt werden, wenn sie diesen Betrag um mehr als 33¹/₃ vom Hundert übersteigt. Die Herabsetzung kann auch von einer öffentlichen Stelle, die ganz oder teilweise für die Bezahlung der Miete aufkommt, beantragt werden.

(2) Bei der Ermittlung der Grenze von 33¹/₃ vom Hundert sind die Kosten des Betriebes einer zentralen Heizungs- und Warmwasserversorgungsanlage nicht zu berücksichtigen.

(3) Die Herabsetzung wird von dem nächsten auf die Antragstellung folgenden Mietzahlungstermin an wirksam.

Dieser Paragraph korrespondiert mit der preisbehördilchen Korrektur der Stichtagsmiete nach § 2 I BMG und hat einen Vorgang in § 1 der VO 71/51.

Die Stichtagsmiete — d. i. nach § 5 die am 31. 12. 1954 gültig gewesene Vertragsmiete — kann bei erheblicher Übersteigerung auf Antrag des Mieters herabgesetzt werden. Das Maß der Übersteigerung wird dahin bestimmt, daß eine solche von mehr als 33¹/₃ % vorliegen muß.

Die verglichenen Rechnungsgrößen sind:

1) vertragliche Stichtagsmiete,

2) ortsübliche (nun aber nicht Stichtagsmiete, sondern) Grundmiete zuzüglich zulässiger Umlagen und Zuschläge.

Da diese „Umlagen und Zuschläge" die Beträge sind, deren Abzug von der Stichtagsmiete die Grundmiete ergibt, ist kein Grund ersichtlich, weshalb die VO nicht von ortsüblicher Stichtagsmiete spricht und diese der vertraglichen Stichtagsmiete gegenüberstellt.

Außerdem ist es nicht erkennbar, weshalb der Gesetzgeber es bei Überschreitung der 33¹/₃ % nicht auf eine Berichtigung abstellt, sondern

— gleichsam als Buße — der Preisstelle ermöglicht, nicht nur den Satz über $33^1/_3$ % zu streichen, sondern auch die $33^1/_3$ %. Mithin könnte eine Überschreitung von auch nur $^1/_3$ % (wenn also um $33^2/_3$ % erhöht ist) die Stichtagsmiete um volle $33^2/_3$ % herabsetzen.

§ 36

Mietherabsetzung nach bisherigem Recht

Eine Herabsetzung der Stichtagsmiete, welche die Preisbehörde vor Inkrafttreten dieser Verordnung vorgenommen hat, bleibt wirksam.

Bisher galt § 1 der VO 71/51.

VIERTER ABSCHNITT

Untermiete

§ 37

Freie Vereinbarung der Untermiete

(1) Wird Wohnraum untervermietet, so darf die Untermiete frei vereinbart werden. Dies gilt nicht für die Untervermietung einer unmöblierten Wohnung im ganzen.

(2) Bei frei vereinbarter Untermiete kann sich jeder Vertragsteil dem anderen gegenüber schriftlich auf die preisgebundene Untermiete berufen. Die Berufung hat die Wirkung, daß von dem ersten des auf die Erklärung folgenden Monats an die Vorschriften über die preisgebundene Untermiete anzuwenden sind; wird die Erklärung erst nach dem 15. eines Monats abgegeben, so gilt das gleiche von dem ersten des übernächsten Monats an.

Bisher galt PR 111/47, ferner §§ 7 bis 11 der VO 71/51 (S. 431 bis 435). Die neuen Vorschriften sind anwendbar ab 1. 9. 1958 (§ 43 I).

§ 38

Preisgebundene Untermiete für die Überlassung des Wohnraums

(1) Die preisgebundene Untermiete für die Überlassung einer Wohnung im ganzen darf die preisrechtlich zulässige Miete nicht übersteigen, die für das Hauptmietverhältnis preisrechtlich zulässig ist oder nach § 3 des Ersten Bundesmietengesetzes als genehmigt gilt.

(2) Bei der Untervermietung eines Teiles einer Wohnung darf die preisgebundene Untermiete für den Wohnraum einen entsprechenden Teil der nach Absatz 1 maßgeblichen Miete des Hauptmietverhältnisses nicht übersteigen. Dieser Teil bestimmt sich nach dem Verhältnis der Wohnfläche des untervermieteten Teils zur Gesamtwohnfläche, wobei ge-

meinschaftlich genutzte Räume außer Betracht bleiben; wesentliche Unterschiede im Wohnwert der Räume sind angemessen zu berücksichtigen.

(3) Bei der Ermittlung der preisgebundenen Untermiete nach Absatz 2 bleiben Zuschläge für die Benutzung von Wohnraum zu anderen als Wohnzwecken und Untermietzuschläge, die in der Hauptmiete enthalten sind, außer Ansatz. Die danach ermittelte Untermiete darf um diese Zuschläge erhöht werden, soweit sie den untervermieteten Raum betreffen.

§ 39

Einrichtungsgegenstände und Nebenleistungen

(1) Gilt die preisgebundene Untermiete, so ist für die mietweise Mitüberlassung von Einrichtungsgegenständen eine angemessene Vergütung zulässig. Wird eine vollständige Ausstattung überlassen, so ist für die Angemessenheit der Vergütung je nach der Art der Ausstattung von 50 bis 100 vom Hundert der sich aus § 38 ergebenden preisgebundenen Untermiete für die Überlassung des Wohnraums auszugehen.

(2) Für Nebenleistungen, die vom Hauptmieter erbracht werden, ist eine Vergütung in angemessener Höhe zulässig. Zu den Nebenleistungen gehören insbesondere die Mitüberlassung der Kücheneinrichtung, der anteilige Strom- und Gasverbrauch, die Lieferung von Bettwäsche und Dienstleistungen.

§ 40

Mietverhältnisse, die der Untervermietung gleichstehen

Der Untervermietung eines Teiles einer Wohnung steht es gleich, wenn der Eigentümer oder jemand, der sonst zur Nutzung oder zum Gebrauch einer Wohnung berechtigt ist, einen Teil der von ihm selbst benutzten Wohnung vermietet. Die preisgebundene Untermiete darf um einen Zuschlag erhöht werden, der sich bei sinngemäßer Anwendung des § 19 ergibt.

Hier handelt es sich um die Fall der Quasi-Untermiete, wo also der Vermieter einen Teil der eigengenutzten Wohnung vermietet hat; das Wesen der eigentlichen Untermiete besteht aber in der Zwischenschaltung des Hauptmieters.

FÜNFTER ABSCHNITT

Änderung der Miete in besonderen Fällen

§ 41

Miete für Wohnraum in Baracken, Bunkern, Behelfsheimen und dergleichen

Auf Wohnraum in Bunkern, Baracken, Behelfsheimen, Nissenhütten sowie auf sonstige behelfsmäßige Unterkünfte finden § 12 Abs. 1 Nr. 3,

§§ 13, 17, 29 bis 34 keine Anwendung. Ist bei Inkrafttreten dieser Verordnung die Miete nach den in § 13 genannten Vorschriften erhöht, so bleibt die erhöhte Miete zulässig.

Diese Bestimmung ändert § 12 BMG (S. 296/7).

SECHSTER ABSCHNITT

Übergangsregelung

§ 42

Übergangsregelung für Mieterhöhungen und Mietherabsetzungen

Ist bei Inkrafttreten dieser Verordnung über einen Antrag auf Genehmigung einer Mieterhöhung oder auf Herabsetzung der Stichtagsmiete noch nicht entschieden worden, oder ist die Entscheidung noch nicht unanfechtbar geworden, so bleiben die bisherigen Vorschriften anwendbar.

§ 43

Übergangsregelung für Untermieten

(1) Gilt bei Inkrafttreten dieser Verordnung für untervermieteten Wohnraum die preisgebundene Untermiete nach den bisherigen Vorschriften, so sind mit Wirkung von dem ersten des auf das Inkrafttreten folgenden Monats an die Vorschriften des Vierten Abschnittes anzuwenden, ohne daß es der Abgabe einer Erklärung nach § 37 Abs. 2 bedarf. Ist die nach den Vorschriften des Vierten Abschnittes zulässige preisgebundene Untermiete niedriger als die bisherige preisgebundene Untermiete, so bleibt diese für das bestehende Untermietverhältnis zulässig.

(2) Hat sich einer der Vertragsteile vor Inkrafttreten dieser Verordnung auf die preisgebundene Untermiete berufen und ist die Wirkung dieser Erklärung bei Inkrafttreten dieser Verordnung noch nicht eingetreten, so gelten die in § 37 Abs. 2 bestimmten Fristen.

SIEBENTER ABSCHNITT

§ 44

Schlußvorschriften

Gewerbliche Zimmervermietung

(1) Die Vermietung von Wohnraum unterliegt nicht den Vorschriften dieser Verordnung, soweit und solange er nach Art eines Betriebes des Beherbergungsgewerbes tageweise vermietet wird (gewerbliche Zimmervermietung) oder in Kur- und Badeorten oder Sommerfrischen ohne Konzession an Fremde vermietet wird (Privatbeherbergung).

(2) Erfolgt die Vermietung nach Absatz 1 im Wege der Untermiete, so darf die Hauptmiete um den in § 18 genannten Zuschlag erhöht werden.

§ 45*)

Außerkrafttretende und weitergeltende Vorschriften

(1) Vorschriften, die dieser Verordnung entgegenstehen oder entsprechen, treten außer Kraft. Insbesondere werden **aufgehoben**:

1. Verordnungen

   Anordnung über die Auswirkung der Abgeltung der Gebäudeentschuldungssteuer auf Miet- und Pachtverträge vom 12. Januar 1943 (Reichsanzeiger Nr. 19 vom 25. Januar 1943);

   Anordnung PR Nr. 111/47 über Höchstpreise bei Untervermietung von Wohnraum vom 18. November 1947 (Mitteilungsblatt der Verwaltung für Wirtschaft des Vereinigten Wirtschaftsgebietes B 1948 S. 13);

   Anordnung PR Nr. 72/49 über den Ausgleich von Grundsteuer- und Gebührenmehrbelastungen des Hausbesitzes in der Fassung vom 29. November 1951 (Bundesgesetzbl. I S. 924);

   Verordnung PR Nr. 83/50 über die Inkraftsetzung von Mietpreisvorschriften in den Ländern Baden, Rheinland-Pfalz, Württemberg-Hohenzollern und dem bayerischen Kreis Lindau vom 22. Dezember 1950 (Bundesanzeiger Nr. 22 vom 1. Februar 1951);

   Verordnung PR Nr. 29/51 über die Aufhebung des Runderlasses Nr. 56/40 betr. Mietzinserhöhung bei Einrichtung endgültiger Luftschutzräume in bestehenden Gebäuden vom 28. April 1951 (Bundesanzeiger Nr. 85 vom 5. Mai 1951);

   Verordnung PR Nr. 71/51 über Maßnahmen auf dem Gebiete des Mietpreisrechts vom 29. November 1951 (Bundesgesetzbl. I S. 920);

   Verordnung PR Nr. 72/52 über einen allgemeinen Mietzuschlag bei Wohnraum des Althausbesitzes vom 27. September 1952 (Bundesgesetzbl. I S. 648);

2. Runderlasse

   Runderlaß des Reichskommissars für die Preisbildung Nr. 184/37 betr. Preisüberwachung und Preisbildung bei Mieten vom 12. Dezember 1937 (Mitteilungsblatt, Sondernummer vom 15. Dezember 1937);

   Runderlaß des Reichskommissars für die Preisbildung Nr. 153/38 betr. Mieterhöhung bei Änderung der Benutzungsart von Räumen vom 29. Dezember 1938 (Mitteilungsblatt I 1939 S. 10);

---

*) Die Aufhebung von Vorschriften, die die „Grundstücksmiete" enthält, sind durch senkrechte Striche am Rande gekennzeichnet. Es entfallen (vgl. Übersicht S. 347) im Zweiten Abschnitt X A 2, 3, 8—10 (= S. 349—359 und 420—447).

Runderlaß des Reichskommissars für die Preisbildung Nr. 154/38 betr. Verweisung an Mieteinigungsämter vom 30. Dezember 1938 (Mitteilungsblatt I 1939 S. 10);

Runderlaß des Reichskommissars für die Preisbildung Nr. 29/39 betr. Mieterhöhung durch den Wegfall von Steuerbefreiungen am 1. April 1939 vom 12. April 1939 (Mitteilungsblatt I S. 132);

Runderlaß des Reichskommissars für die Preisbildung Nr. 8/40 betr. Mietzinssenkung bei verringerter Warmwasserversorgung vom 17. Januar 1940 (Mitteilungsblatt I S. 81);

Runderlaß des Reichskommissars für die Preisbildung Nr. 17/40 betr. Mietzinssenkung bei verringerter Sammelheizung vom 1. Februar 1940 (Mitteilungsblatt I S. 106);

Runderlaß des Reichskommissars für die Preisbildung Nr. 55/40 betr. Preisbildung und Preisüberwachung bei Mieten während des Krieges vom 5. Mai 1940 (Mitteilungsblatt I S. 300);

Runderlaß des Reichskommissars für die Preisbildung Nr. 151/40 betr. Mietzinssenkung bei verringerter Sammelheizung vom 16. Dezember 1940 (Mitteilungsblatt I S. 883);

Runderlaß des Reichskommissars für die Preisbildung Nr. 85/42 betr. Erhöhung des Mietzinses bei Einbau von Fettabscheidern vom 9. September 1942 (Mitteilungsblatt II S. 237);

Runderlaß des Reichskommissars für die Preisbildung Nr. 29/42 betr. Berücksichtigung der Abgeltung der Gebäudeentschuldungssteuer bei Ertragsberechnungen auf Grund der Ziffern 48 ff. des Runderlasses Nr. 184/37 vom 12. Dezember 1937; vom 19. Mai 1943 (Mitteilungsblatt I S. 339);

Runderlaß des Reichskommissars für die Preisbildung Nr. 2/44 betr. Wegfall der Steuerbefreiung für die Eigenheime des neuesten Neuhausbesitzes im Altreich und im Saarland ab 1. April 1944, hier: Mieterhöhung; vom 24. Januar 1944 (Mitteilungsblatt I S. 81);

Runderlaß des Reichskommissars für die Preisbildung Nr. 75/43 betr. Anträge auf Mietzinserhöhung nach Rückzahlung der Arbeitgeberdarlehen des Reiches vom 10. Februar 1944 (Mitteilungsblatt I S. 94);

Runderlaß des Reichskommissars für die Preisbildung Nr. 52/44 betr. Vereinfachter Geschäftsverkehr zwischen Vermietern und Mietern vom 16. Oktober 1944 (Mitteilungsblatt I S. 487);

Rundschreiben Nr. 49 betr. Auswirkungen des Fortfalls von Zinsermäßigungen oder Zinszuschüssen bei Reichsbau- bzw. Ergänzungsdarlehen auf die Miethöhe vom 20. Juli 1946 (Mitteilungsblatt der Verwaltung für Wirtschaft des Vereinigten Wirtschaftsgebiets 1948 B S. 36);

Runderlaß Nr. 5/47 betr. Mietpreisbildung — Herstellung der Rechtsgleichheit zwischen dem amerikanischen und britischen Besatzungsgebiet — vom 2. März 1947 (Nachrichten der Preisverwaltung A S. 17);

Runderlaß Nr. 29/47 betr. Richtlinien für Wohnraummieten auf dem Lande vom 18. November 1947 (Mitteilungsblatt der Verwaltung für Wirtschaft des Vereinigten Wirtschaftsgebiets 1948 B S. 27);

Runderlaß Nr. 19/48 betr. Durchführung der Anordnung PR Nr. 111/47 über Höchstpreise bei Untervermietung von Wohnraum vom 18. November 1947; vom 12. Juli 1948 (Mitteilungsblatt der Verwaltung für Wirtschaft des Vereinigten Wirtschaftsgebiets II S. 167);

Runderlaß Nr. 27/48 betr. Umlegung von Brennstoffkosten, Anfuhrkosten, Bedienungskosten bei Sammelheizung und Warmwasserversorgung vom 13. November 1948 (Mitteilungsblatt der Verwaltung für Wirtschaft des Vereinigten Wirtschaftsgebiets II S. 184);

Runderlaß Nr. 8/49 betr. Änderung des Runderlasses Nr. 29/47 über Richtlinien für Wohnraummieten auf dem Lande vom 18. November 1947, hier: Abschnitt IV: Stromverbrauch; vom 21. Mai 1949 (Mitteilungsblatt der Verwaltung für Wirtschaft des Vereinigten Wirtschaftsgebiets II S. 58);

3. Erlasse und Grundsätzliche Entscheidungen

Grundsätzliche Entscheidung des Reichskommissars für die Preisbildung betr. Mietsicherheiten und Baukostenzuschüsse vom 10. Februar 1938 (Mitteilungsblatt I Nr. 1 S. 7);

Grundsätzliche Entscheidung des Reichskommissars für die Preisbildung betr. Umlegung des Wassergeldes und Übertragung der Schönheitsreparaturen auf die Mieter vom 1. März 1938 (Mitteilungsblatt I Nr. 3 S. 7);

Grundsätzliche Entscheidung des Reichskommissars für die Preisbildung betr. unzulässige Mieterhöhungen bei baulichen Verbesserungen vor dem 15. Oktober 1937 vom 8. März 1938 (Mitteilungsblatt I Nr. 3 S. 7);

Grundsätzliche Entscheidung des Reichskommissars für die Preisbildung betr. Verkürzung (Änderung) der Kündigungsfrist vom 10. Mai 1938 (Mitteilungsblatt I Nr. 11 S. 8);

Grundsätzliche Entscheidung des Reichskommissars für die Preisbildung betr. Abstandssummen bei Mietwohnungen vom 5. Juli 1938 (Mitteilungsblatt I Nr. 19 S. 2);

Grundsätzliche Entscheidung des Reichskommissars für die Preisbildung betr. Stopmiete vom 18. Juli 1938 (Mitteilungsblatt I Nr. 21 S. 3);

Grundsätzliche Entscheidung des Reichskommissars für die Preisbildung betr. Verschlechterung der Kündigungsfristen vom 1. August 1938 (Mitteilungsblatt I Nr. 23 S. 5);

Erlaß des Reichskommissars für die Preisbildung betr. Erhöhung des Mietzinses auf Grund baulicher Verbesserungen vom 20. Oktober 1938 (Mitteilungsblatt I Nr. 34 S. 3);

Erlaß des Reichskommissars für die Preisbildung betr. Erhöhung des Zinssatzes für Hauszinssteuerhypotheken vom 24. November 1938 (Mitteilungsblatt I Nr. 39 S. 17);

Grundsätzliche Entscheidung des Reichskommissars für die Preisbildung betr. freifinanzierte Neubauten (Mietzinsberechnung bei Neubauten mit Reichsbürgschaft) vom 6. Dezember 1938 (Mitteilungsblatt I Nr. 41 S. 3);

Erlaß des Reichskommissars für die Preisbildung betr. Wegfall von Zinsnachlaß für die aus dem Wohnungsfürsorgefonds des Reiches gewährten Baudarlehen vom 25. Mai 1939 (Mitteilungsblatt I S. 196);

Erlaß des Reichskommissars für die Preisbildung betr. Erhöhung des Zinssatzes für Hauszinssteuerhypotheken vom 14. Juni 1939 (Mitteilungsblatt I S. 223);

Erlaß des Reichskommissars für die Preisbildung betr. Angleichung von Gefälligkeitsmieten vom 21. Juli 1939 (Mitteilungsblatt I S. 309);

Erlaß des Reichskommissars für die Preisbildung betr. Gewährung von Zinszuschüssen aus Rückflüssen der Hauszinssteuerhypotheken zur Zinsverbilligung für sogen. Ersatz- und Streckungshypotheken vom 20. Juli 1940 (Mitteilungsblatt I S. 541);

Erlaß des Reichskommissars für die Preisbildung betr. Verpflichtung zur Rückzahlung des Überpreises bei Verstoß gegen Preisvorschriften vom 22. November 1940 (Mitteilungsblatt I S. 817);

Erlaß des Reichskommissars für die Preisbildung betr. Mietsenkung bei Stillegung von Fahrstühlen vom 6. März 1941 (Mitteilungsblatt I S. 265);

Erlaß des Reichskommissars für die Preisbildung betr. Preisüberwachung bei Mieten vom 16. März 1942 (Mitteilungsblatt I S. 169);

Erlaß des Reichskommissars für die Preisbildung betr. Preisvorbehalte bei Abschluß von Mietverträgen vom 23. März 1942 (Mitteilungsblatt I S. 180);

Erlaß des Reichskommissars für die Preisbildung betr. Optionsrecht des Mieters vom 30. März 1942 (Mitteilungsblatt I S. 200);

Erlaß des Reichskommissars für die Preisbildung betr. Preisvorbehalte bei Abschluß von Mietverträgen vom 27. Juli 1942 (Mitteilungsblatt I S. 502).

(2) Die Verordnung über das Verbot von Preiserhöhungen vom 26. November 1936 (Reichsgesetzblatt I S. 955) ist auf Wohnraum, der bis zum 31. Dezember 1949 bezugsfertig geworden ist, nicht mehr anzuwenden.

(3) Folgende Vorschriften auf dem Gebiete des Mietpreisrechts sind weiterhin anzuwenden:

Verordnung PR Nr. 15/53 über die Vergütung für die Benutzung von Räumen des Beherbergungsgewerbes zu Dauerwohnzwecken vom 12. Juni 1953 (Bundesanzeiger Nr. 116 vom 20. Juni 1953);

Verordnung vom 21. Dezember 1956 über die Errechnung der Kostenvergleichsmiete für preisgebundenen Wohnraum nach dem Ersten Bundesmietengesetz (Bundesgesetzbl. I S. 994).

(4) Anordnungen nach § 5 Abs. 6 der Verordnung PR Nr. 71/51 und Anordnungen nach § 6 Abs. 1 und 2 der Anordnung PR Nr. 72/49 sind weiterhin anzuwenden; sie treten am 31. März 1959 außer Kraft, soweit sie den Vorschriften dieser Verordnung widersprechen.

§ 46

Geltung in Berlin

Diese Verordnung gilt nicht im Land Berlin.

§ 47

Geltung im Saarland

Diese Verordnung gilt nicht im Saarland.

§ 48

Inkrafttreten

Diese Verordnung tritt am 1. August 1958 in Kraft.

Bonn, den 23. Juli 1958.

Der Bundesminister für Wirtschaft
In Vertretung
Westrick

Der Bundesminister für Wohnungsbau
Lücke

FSC
www.fsc.org
MIX
Papier | Fördert
gute Waldnutzung
FSC® C083411

Kolibri 360 GmbH
Ferdinand-Jühlke-Straße 7
99095 Erfurt, Deutschland
produktsicherheit@kolibri360.de